MASSIMO MINOLETTI

INVESTIMENTI IMMOBILIARI IN FLORIDA

Come Comprare Case In Florida e Investire In Immobili Generando Rendite Passive Direttamente Dall'Italia

Titolo

"INVESTIMENTI IMMOBILIARI IN FLORIDA"

Autore

Massimo Minoletti

Editore

Bruno Editore

Sito internet

http://www.brunoeditore.it

Sommario

Introduzione

Ho fondato la mia prima società americana nel lontano 2012. Dico lontano perché, sebbene siano passati solo 5 anni, sembra preistoria, avendo scoperto sulla mia pelle che il mondo "americano" viaggia ad una velocità 10 volte maggiore al mondo a cui siamo abituati noi italiani; un mondo rallentato dalla burocrazia e dalle tante leggi inutili e dannose per chi vuole fare business o investire in un settore meraviglioso come quello degli immobili.

Alla fine del 2016 ho coronato il mio sogno, che era quello di vendere tutte le case che negli anni avevo comprato, ristrutturato e messo a reddito. Mi sono quindi trovato davanti ad un bivio, chiudere questo capitolo della mia vita professionale oppure ripartire di slancio, dando nuova linfa vitale e strutturando un nuovo progetto, adeguandolo ad un mercato in continua evoluzione.

La scelta non è stata molto difficile, e se mi stai leggendo, avrai già capito che il mio spirito imprenditoriale mi ha di nuovo spinto ad esplorare territori, fino a questo momento nascosti, come ad esempio la scrittura di un libro che volesse racchiudere uno spaccato di esperienza professionale in un territorio molto lontano dall'Italia.

Perché scrivere un libro? Molto semplice, perché voglio condividere con più persone possibili la mia esperienza maturata sul campo, fatta di momenti positivi e negativi. I momenti positivi sono stati la benzina che mi ha fatto proseguire ogni giorno verso l'eccellenza ed il massimo del risultato, mentre i momenti negativi sono stati la mia palestra e mi hanno permesso di conoscere nuovi collaboratori, nuove opportunità, nuove strategie e di acquisire tutta quell'esperienza che oggi desidero trasferire a chiunque voglia approcciarsi al mercato immobiliare americano; in particolar modo quello della Florida, con l'obiettivo di fare investimenti immobiliari ad alto reddito.

Il mio obiettivo, con questo libro, è renderti indipendente ed autonomo, dandoti gli strumenti necessari per poter concludere velocemente e direttamente dalla tua poltrona di casa la tua prima operazione immobiliare in Florida. Operazione immobiliare che ti possa generare quella rendita passiva garantita che in Italia è solo un miraggio.

Quando ho iniziato io, mi sarebbe piaciuto avere a disposizione una guida come questa, che mi indicasse il percorso da seguire e gli errori da non commettere, invece ho dovuto sperimentare sulla mia pelle come superare tutte le avversità che si sono poste lungo il percorso. Oggi metto nelle tue mani questo libro, con la consapevolezza che tutti quegli errori non li commetterai seguendo passo a passo le istruzioni.

In fondo è molto semplice, funziona allo stesso modo di un libretto di istruzioni, seguile e vedrai che i risultati arriveranno come per magia. Non è magia, è semplicemente seguire alla lettera le istruzioni che ti metterò a disposizione, ma ricorda che i risultati sono possibili solo ed esclusivamente se ci si mette il giusto impegno, la giusta determinazione e si hanno le giuste strategie. Dovrai quindi avere la costanza di seguirmi fino al termine del libro e sono sicuro che la mia "storia" farà nascere in te il desiderio di avere di più, di fare qualcosa che in questo momento non hai ancora nella mente e nel cuore, il tuo cuore, il luogo dove nascono i tuoi sogni.

Dopo questa premessa, è giunto il momento di iniziare un percorso entrando concretamente nelle 6 fasi che regolano un investimento immobiliare in Florida e che ti permetteranno di capire meglio come e quali case comprare per generare una rendita passiva direttamente dall'Italia.

Ti sfido a rimanere attaccato con la mente e con il cuore alla lettura di questo libro; sono convinto che al termine sarai curioso di toccare con mano alcuni aspetti che ti ho illustrato.

Accetta la sfida e farai della tua vita un capolavoro.

Massimo Minoletti

Capitolo 1:
Come realizzare il 60% in 24 mesi

Mi ha sempre affascinato il termine "sogno americano", anche se non ho mai analizzato esattamente l'origine di questo modo di dire. Per alcuni è quella meravigliosa ed ambiziosa idea di realizzare un progetto, un sogno, partendo da zero. Per altri è il desiderio di confrontarsi con una burocrazia pressoché inesistente che ti permette di bruciare le tappe e raggiungere i tuoi obiettivi in maniera molto veloce.

Il mio sogno americano
Per me il sogno americano rappresenta entrambe le teorie, ma soprattutto, rappresenta un sistema perfettamente meritocratico dove se sei bravo, ti impegni, ti applichi e insegui il tuo sogno con tutta la passione che arde dentro di te, i risultati saranno di gran lunga superiori alle aspettative ed arriveranno con una velocità che neanche immagini. È magia...? no. È semplicemente il sistema americano che premia i migliori, coloro che avendo un

sogno da realizzare, attingono a tutte le risorse che hanno a disposizione per realizzarlo al meglio e nel minor tempo possibile godendosi l'ebrezza del percorso.

La mia storia

Forse ti starai chiedendo perché ho scelto il settore immobiliare e perché proprio in Florida. Bene ti rispondo subito. Ho scelto il settore immobiliare perché, fin dal conseguimento del diploma di geometra, mi sono sempre occupato di case. Appena terminata la scuola e dopo il dovuto periodo di pratica, ho fondato uno studio tecnico dove le attività prevalenti erano progetti di ristrutturazione e nuove costruzioni.

Successivamente ho allargato le mie competenze e mi sono dedicato alla vendita di immobili, culminando la mia carriera di agente immobiliare sposando uno dei marchi immobiliari di maggior prestigio a livello mondiale, all'interno del quale ho ricoperto per molti anni un ruolo di prestigio e ricevendo diversi premi per la mia produzione e la mia capacità di sviluppare team di successo.

Il marchio che mi sta accompagnando da oltre un decennio è presente in circa 100 stati del mondo e, coincidenza, nato quasi 45 anni fa proprio negli Stati Uniti. Penso che questo mio incontro con il marchio americano non sia stato casuale, ma il preludio di quello che poi sarebbe successo negli anni successivi.

Durante i quasi 15 anni di affiliazione, mi sono più volte recato negli Stati Uniti per imparare un metodo di lavoro che rappresentasse il futuro per noi italiani. Sistemi di vendita innovativi, formazione costante, condivisione degli immobili tra agenti immobiliari attraverso una piattaforma chiamata MLS, capace di velocizzare notevolmente la vendita degli immobili.

Velocità, velocità, velocità!
A proposito di velocità nella vendita degli immobili, mi piace sempre raccontare un'esperienza che mi capitò nel settembre del 2013. Attraverso un mio referente in loco, avevo comprato una casa da ristrutturare direttamente dall'Italia e decisi di prendermi qualche giorno di ferie, andando direttamente in Florida per conoscere alcuni collaboratori che mi avrebbero supportato nella fase di restyling e nella successiva fase di messa a reddito.

La casa si trovava a confine della città di Sarasota sul golfo del Messico, a ridosso della baia di Tampa. Andai a visionarla con Max, il mio *realtor* di fiducia per quella zona, un italiano di Napoli che, insieme al figlio, si era trasferito in Florida da qualche anno. Fin da subito, Max si è dimostrato persona corretta, precisa e decisamente competente.

Appena arrivati alla casa, presi una decisione che mai mi sarei aspettato di prendere quando programmai il viaggio. Decisi, grazie anche al consiglio del mio *realtor* Max, di mettere subito in vendita la casa nello stato in cui si trovava. La classica operazione denominata in gergo tecnico di "flipping", ovvero rivendere ad un prezzo più alto in tempi brevissimi, marginando la differenza. In effetti la decisione fu saggia e redditizia perché, avendo comprato ad un prezzo decisamente inferiore al reale valore di mercato, riuscii a marginare senza doverci spendere soldi per i lavori di ristrutturazione.

Ma la vera la peculiarità dell'operazione fu, come detto, la velocità. Infatti il mio *realtor* mise on-line la casa attraverso la piattaforma MLS (Multiple Listing Service) alle ore 12.00 del venerdì, e alle 16.00 dello stesso giorno c'era già un'interessante proposta scritta nella mia casella di posta da parte di un altro agente immobiliare. Entro la fine della settimana successiva ero già dalla Title Company (l'equivalente americano del nostro Notaio) per formalizzare l'atto di vendita, lasciandovi immaginare il mio entusiasmo, sia da un punto di vista personale che economico.

Questa tipica velocità americana si è potuta realizzare grazie ad una mentalità aperta e collaborativa, ma anche alla mia decisione di ascoltare il consiglio del mio *realtor*, che in quel momento mi consigliava quella che secondo lui era la strada più redditizia e più veloce.

Da allora il mercato immobiliare in Florida è molto cambiato, si è evoluto verso altri scenari con una velocità che a noi italiani pare irreale. A quei tempi era molto in voga "flippare", ovvero comprare, ristrutturare e rivendere velocemente.
Oggi quel tipo di operazione è ancora possibile, ma i capitali da mettere sul piatto sono diventati molto maggiori e i margini si sono decisamente ridotti. Questo perché l'economia che ha subito

un tracollo a cavallo del 2010, adesso è in netta ripresa e gli scenari sono cambiati. Allora si facevano operazioni di *buy for flipping*, mentre oggi, personalmente, consiglio operazioni di *buy for rent.*

Queste continue novità, questo continuo cambiamento di tipologie lavorative è uno degli aspetti che maggiormente apprezzo di questo lavoro, perché ogni giorno non è mai monotono e c'è sempre da imparare per stare al passo con i cambiamenti.

La cosa bella è che, se conosci le regole del gioco e segui le evoluzioni del mercato, gli affari sono sempre lì a portata di mano. Basta avere molta elasticità mentale e voglia di scoprire sempre nuove metodologie di lavoro.

Come avrai capito dal titolo del libro, in questo preciso contesto storico, l'investimento immobiliare in Florida è prevalentemente focalizzato su immobili da reddito, *buy for rent*. Esiste una grande richiesta di immobili in affitto, conseguentemente i canoni sono alti rispetto al valore stesso dell'immobile e generano una resa inimmaginabile per chi conosce il mercato italiano degli affitti.

Come abbiamo fatto il 60% in 24 mesi

Voglio ora raccontarti una meravigliosa operazione immobiliare conclusa con un membro del nostro team di lavoro che ha generato il 60% lordo in 24 mesi. Sì, hai capito benissimo 60% lordo del capitale investito in soli 2 anni esatti.

Abbiamo comprato e ristrutturato una villetta indipendente a St. Petersburg, a nord della baia di Tampa. Tra acquisto e ristrutturazione abbiamo speso 60.000- dollari. Una volta terminati i lavori, abbiamo messo in giardino, di fronte la strada, il cartello *"for rent"* (in affitto) e nel giro di un paio di giorni abbiamo ricevuto talmente tante richieste di visite che abbiamo potuto selezionare personalmente quello che reputavamo il miglior inquilino possibile per la nostra casa.

Sono arrivate così tante richieste di famiglie che cercavano quella tipologia di casa con due camere e due bagni, che, se in quel momento ne avevamo 10 simili da affittare, non avremmo avuto problemi a piazzarle. E grazie agli strumenti di controllo che abbiamo a disposizione, abbiamo potuto valutare la solvibilità dei papabili inquilini, andando a selezionare quello che reputavamo il più indicato.

I numeri non sbagliano mai.

La casa è stata affittata a 1.000- dollari al mese e in due anni ha reso 24.000- dollari.

Passati due anni di affitti regolarmente percepiti, si è deciso di sfruttare il momento di risalita dei prezzi del mercato immobiliare, mettendo in vendita la casa con una rivalutazione valutata del 10% annuo.

Grazie agli strumenti di vendita a disposizione di ogni *realtor* americano, in primis la collaborazione tra gli stessi, la casa è stata venduta nel giro di pochissimi giorni esattamente al prezzo che è stata messa in vendita, generando un incredibile ritorno del 60% lordo in 24 mesi.

Per chi come me fa l'investitore immobiliare di professione, l'unico e ripeto unico termine di valutazione di una operazione, sono i numeri.

Analizziamo le cifre di questa operazione:

- Acquisto e ristrutturazione iniziale   60.000- $
- Prezzo di rivendita   72.500- $

- Utile lordo sulla rivendita   12.500- $
- Affitto percepito in 24 mesi   24.000- $

- TOTALE UTILE LORDO   36.500- $

Pari al **60.83%** lordo del capitale inizialmente investito per l'acquisto e la ristrutturazione della casa.

Non pensiamo di essere stati dei geni dell'immobiliare oppure di aver trovato l'occasione della vita, semplicemente abbiamo applicato le "regole del gioco", trovando un buon affare e valorizzandolo secondo le esigenze del mercato.

Giusto per essere precisi, voglio evidenziare che anche chi ha acquistato questa casa, un investitore canadese, ha fatto un ottimo affare, in quanto con 72.500 $ si è comprato una bella casa ristrutturata, con in dote un ottimo inquilino pagante, che gli rende oltre il **16%** annuo lordo.

Quando descrivo questi numeri, mi viene da "sorridere" ripensando ad una mia operazione immobiliare in Italia di un paio di anni fa, quando acquistai un appartamento di circa 80 mq nel centro storico della mia città per un prezzo di 145.000- euro comprensivi di alcuni lavori di ristrutturazione.

Lo affittai a 650 euro al mese (rendita lorda del 5,38%) ad un simpatico inquilino che, dopo i primi mesi di pagamenti regolari, iniziò a dimenticarsi di versarmi il canone di locazione andando avanti per oltre un anno, fino a quando se ne andò di sua spontanea volontà lasciandomi un appartamento devastato.

In Florida, se un inquilino non paga l'affitto, parte subito la procedura di sfratto e massimo 45 giorni lo sceriffo arriva e in un paio d'ore libera la casa dall'inquilino moroso e la riconsegna al legittimo proprietario.

Ma di questa specifica procedura, denominata *"eviction"*, parleremo specificatamente nei capitoli successivi, dove andremo ad analizzare come tutelare al meglio il proprio investimento immobiliare pur stando dall'altra parte del mondo.

Negli Stati Uniti si affitta volentieri, perché il proprietario di casa è tutelato dalla certezza del diritto, un diritto preciso e veloce. La proprietà privata è un caposaldo che viene difeso con ogni mezzo. Queste enormi differenze, nella tutela dei propri diritti e nella tutela della proprietà privata, mi hanno fatto capire come le leggi americane, a differenza di quelle italiane, garantiscono l'investimento immobiliare, attraverso normative e sanzioni severe per coloro che vogliono fare i furbi, con tempi di risoluzione delle vertenze decisamente molto rapidi.

Sicuramente conoscerai qualcuno che in Italia ha avuto problemi con l'inquilino che non pagava l'affitto e quindi puoi ben capire la frustrazione e la delusione che ha dovuto subire. Dunque, se oggi devi investire in immobili per crearti una rendita passiva, con la garanzia di uno Stato che ti tutela al 100%, sai che in Florida potrebbe esserci la soluzione che stai cercando.

In questo momento storico di mercato, uno dei migliori investimenti che tu possa fare è quello di cavalcare il immobiliare della Florida comprando una casa, ristrutturandola se necessario, affittarla e tenerla a reddito per alcuni mesi generando una meravigliosa rendita passiva.

E siccome i prezzi delle case stanno crescendo di mese in mese, tra qualche tempo si potrà decidere se proseguire con la rendita da affitto oppure vendere l'immobile. In questo modo si potrà incassare un'interessante plusvalenza sul prezzo di vendita che, sommata agli affitti maturati nel periodo, potrebbe veramente generare ricavi che in Italia sono solo un sogno.

Altri numeri...

Un'altra interessante operazione immobiliare, che io stesso ho portato a termine, ha riguardato un grazioso "condo", termine tecnico per descrivere un appartamento in un piccolo condominio. Il condo si trovava a St. Pete Beach, meravigliosa cittadina affacciata sul mare a nord della baia di Tampa. Per posizione e tipologia, lo affittavo per brevi periodi per uso-vacanza ad una clientela prevalentemente canadese.

Analizziamo le cifre dell'operazione:

- Acquisto iniziale   100.000- $
- Prezzo di vendita   123.500- $

- Utile lordo sulla rivendita   23.500- $
- Affitto percepito in 20 mesi   22.300- $

- TOTALE UTILE LORDO   45.800- $

Pari al **45.8%** lordo del capitale inizialmente investito per l'acquisto dell'appartamento, il tutto in 20 mesi di durata dell'operazione.

Oggi gli investitori cercano questi tipi di immobili, specie gli investitori europei, ed italiani in particolare, che si trovano a fare i conti con un sistema bancario dove i risparmi non sono più garantiti e gli investimenti in immobili in Italia possono generare spiacevoli sorprese.

Quello che ti spiegherò nelle pagine seguenti è come anche tu, dall'Italia, dalla poltrona di casa tua, potrai setacciare il mercato immobiliare della Florida alla ricerca di interessanti opportunità da mettere a reddito, garantendoti l'assistenza in loco da parte di un team di professionisti che io stesso ho selezionato e verificato attraverso diverse operazioni immobiliari.

Allarga i tuoi orizzonti, apri la tua mente e preparati a vivere il "tuo" sogno americano.

Capitolo 2:
Come lanciare il tuo nuovo business

Il successo è un gioco di squadra e, sia che tu sia o meno un appassionato di sport capirai, subito l'esempio che voglio condividere con te. Sono sempre più convinto che in tutti i tipi di business avere successo, ottenere ottime performance e vincere, sia un gioco di squadra. Puoi essere la persona più preparata e colta del mondo, ma senza un team con cui condividere un percorso, un progetto o una sfida, difficilmente si otterranno grandi risultati.

I grandi successi sono sempre nati da un gruppo coeso, dove tanti singoli solisti hanno dato il meglio di sé per un progetto comune, mettendo a disposizione ciascuno le proprie peculiarità per raggiungere un obiettivo comune.

Se vorrai avere successo in questo business, e a maggior ragione se lo vorrai portare avanti stando tranquillamente a casa tua, dovrai essere consapevole che il gioco di squadra non è importante, ma è fondamentale per avere successo e per fare in modo che il tuo business proceda senza intoppi, garantendoti di seguirlo da lontano con la massima tranquillità emotiva. Se sei abituato a lavorare e a pensare da solista, hai due scelte: abbandonare subito il progetto, prima di scontrarti con una realtà dove la squadra vince e il singolo perde, oppure aprire la mente al cambiamento ed iniziare a ragionare come il capitano di una squadra vincente che si appresta a conquistare il sogno americano.

È facile? sicuramente no. È fattibile? decisamente S Ì.
Ce l'ho fatta io e ce l'hanno fatta tanti imprenditori di successo che hanno seguito alla lettera questo consiglio che ho voluto darti. Quindi, se ce l'ho fatta io, ce la puoi fare tranquillamente anche tu… basta che segui le regole del gioco.

A questo punto ti starai dicendo "ok sono disposto a giocare in squadra, ma da chi sarà composta la mia squadra e, soprattutto, come faccio a selezionarla? Come posso trovare i migliori elementi del mio team per avviare un nuovo business di successo?".

In questo tipo di business, che potrai gestire direttamente dal tuo pc di casa, ci sono alcune figure che sono fondamentali e che io considero i pilastri portanti dell'attività e altre figure che, sebbene siano comunque importanti, non sono cosi fondamentali, in quanto facilmente rimpiazzabili da altre di pari competenze.

I tre segreti del successo

Le figure che reputo fondamentali per la riuscita del progetto sono essenzialmente tre: un mentore (oppure coach), un *realtor* e un gestore delle proprietà, in termine tecnico un *property manager.*

Il mentore

Partiamo dal mentore, colui che ti indica la strada da seguire, colui che ti indica gli errori da non commettere, che ti detta le regole e che si assicura che tu le segua. Una persona che ha già seguito quella strada ottenendo risultati e maturando esperienze sia positive che negative, tali per cui ha sviluppato sul campo quelle conoscenze e quelle esperienze per cui è in grado di accompagnare altre persone verso il successo.

Se vorrai avere successo in tempi relativamente brevi, devi fin da subito trovarti ed affidarti ad un mentore di successo. Che ha già percorso la strada e che ha ottenuto gli stessi risultati che sogni di ottenere tu.

Ma perché la figura del mentore è così importante?
Pensaci bene, prenderesti mai lezioni da tennis da un giocatore mediocre o consigli per dimagrire da una persona grassa...? Se vuoi avere successo, devi necessariamente seguire persone che in quello specifico campo hanno ottenuto grandi risultati.

Molte volte prendiamo consigli sul denaro, sugli investimenti da persone che sono spiantate, che non hanno mai fatto un investimento nella loro vita oppure ne hanno fatti ma sono andati male. Quindi, la prima regola da seguire per avere successo, è di trovare un mentore che abbia avuto successo in quello specifico settore e seguilo, segui i suoi consigli, segui la strada che ti indicherà.

Il realtor
Altra figura di fondamentale importanza è il *realtor*, quello che noi in Italia siamo abituati a chiamare agente immobiliare.

In questo caso una premessa è d'obbligo. Provengo anche io stesso dal settore specifico, avendo fatto per molti anni l'agente immobiliare all'interno di un gruppo di fama mondiale, ma ho sempre avuto la percezione che in Italia l'agente immobiliare sia visto come una persona di poco spessore intellettuale e poca professionalità. Il suo unico compito è quello di aprire una porta e fare visionare l'immobile, percependo poi le provvigioni se quell'immobile è piaciuto e risponde alle esigenze del cliente.

Mi sono battuto anni e anni per fare capire ai clienti quello che è il reale compito ed il reale valore dell'agente immobiliare, e devo dire che oggi la percezione è decisamente cambiata e la professionalità dell'agente immobiliare italiano si sta alzando.

Negli Stati Uniti invece la figura del *realtor* è la figura del professionista per eccellenza, colui a cui rivolgersi in caso di una qualsiasi esigenza immobiliare. Difficilmente una casa viene venduta senza l'intervento del *realtor*.

Il metodo di lavoro di un *realtor* americano è completamente diverso dal metodo di lavoro di un agente immobiliare italiano.

Ricordo con piacere la mia prima convention internazionale aziendale a cui partecipai nel 2004 ad Orlando, in Florida, dove sentii parlare per la prima volta di MLS (Multiple Listing Service), un sistema di vendita eccezionale che solo da poco inizia ad essere maneggiato dai migliori agenti immobiliari italiani. Quello che sta dietro al sistema MLS, è la condivisione di una banca dati comune che garantisce la visibilità a tutti, e ripeto a tutti i *realtor* in contemporanea. Per il *realtor* la parola d'ordine è collaborazione.

Questo sistema, questa filosofia, questo metodo di lavoro rappresenta la carta vincente sia per il venditore che per l'acquirente. Difatti permette al venditore di poter vendere un immobile nel minor tempo possibile ed al maggior prezzo di mercato, e all'acquirente di poter accedere attraverso il proprio *realtor* di fiducia alla banca dati comune, dove sono inseriti tutti, e ripeto tutti, gli immobili in vendita. Quindi, le possibilità di trovare velocemente un immobile che soddisfi le esigenze di un acquirente, sono molto alte.

Nella mia esperienza americana ho conosciuto parecchi *realtor*, ma solo alcuni di loro sono diventati i miei *realtor* di fiducia. Questo non per mancanza di professionalità, ma perché solo alcuni di questi hanno capito realmente le mie esigenze, immedesimandosi loro stessi nella figura di investitore immobiliare. Con questi ho stretto legami che dal professionale sono poi diventati rapporti di amicizia, e posso dormire sonni tranquilli, quando decido di affidarmi a loro per operazioni immobiliari, siano esse di acquisto o di vendita di un immobile.

Quello che ti voglio consigliare è trovare un *realtor* che ragioni con la tua testa e che veda con i tuoi occhi e che capisca le esigenze di un investitore, che sono ben diverse dalle esigenze di un normale cliente acquirente o venditore.

Il property manager

La terza figura di riferimento è il *property manager*, letteralmente il gestore della proprietà.

Quando avrai comprato il tuo primo immobile attraverso il *realtor* e avrai la necessità di ristrutturarlo prima e di metterlo a reddito poi, il *property manager* sarà colui che seguirà queste fasi per te dietro un giusto compenso, il più delle volte espresso in termini

29

percentuali. In caso di ristrutturazione, sarà colui che ti farà ottenere le dovute autorizzazioni e i preventivi dei contractor che valuterete insieme; inoltre, seguirà minuziosamente i lavori, documentandoli con foto che ti inoltrerà in tempo reale durante le visite al cantiere per verificare lo stato di avanzamento dei lavori.

Una volta terminati i lavori, sarà colui che immetterà l'immobile sul mercato per trovare il miglior inquilino e monetizzare al meglio il tuo investimento. Si occuperà della stesura dei contratti di locazione e dell'incasso degli affitti.

Apro una parentesi, che poi approfondiremo successivamente, per sottolineare la facilità con cui sia possibile verificare on-line la solvibilità di un potenziale inquilino, al fine di ridurre ai minimi termini i rischi di insolvenza a cui purtroppo siamo abituati a fronteggiare in Italia.

Facendo un ottimo screening del potenziale inquilino, non abbiamo la certezza matematica che questo paghi regolarmente l'affitto, ma sicuramente abbiamo scartato tutti quei potenziali inquilini che non godono di un'ottima reputazione finanziaria.

Inoltre, anche in caso di eventuale insolvenza, il sistema legale americano tutela al massimo la proprietà privata; nel giro di qualche settimana, attraverso una procedura di *"eviction"*, che spiegheremo bene nei successivi capitoli, si ritorna in possesso del proprio immobile ottenendo anche un eventuale risarcimento dei danni, laddove l'inquilino, oltre ad essere inadempiente, non ha gestito al meglio l'immobile.

Come detto, una volta individuato il giusto inquilino il *property manager* si occuperà sia della fase contrattuale che del periodico e puntuale incasso degli affitti dovuti che, decurtati dalla sua commissione, ti verserà regolarmente sul tuo conto corrente americano. Ti invierà ogni singolo mese gli *statements*, ovvero tutti i resoconti, in modo che, dalla poltrona di casa tua, potrai in ogni momento verificare la crescita del tuo conto corrente e calcolare il tuo *cash flow* dell'investimento.

Ricordati che, una volta terminata con successo la prima operazione immobiliare, hai tutti gli strumenti e le abilità per mettere in pista la seconda operazione immobiliare.

La cosa più difficile è lanciarsi nella prima operazione, imparare sia dagli errori che dalle cose positive che possono comunque essere migliorate e poi semplicemente replicando al meglio.

Completa il tuo Team

Le altre figure di riferimento della squadra sono la *title company*, il commercialista, il *general contractor*, i vari fornitori dei materiali e la banca.

Sono tutte figure importanti, ma, a mio modesto parere, non cosi fondamentali come le tre sopra elencate, in quanto possono facilmente essere sostituite da altre figure di pari capacità tecniche. Sono comunque tutti professionisti che avrai modo di conoscere durante la tua nuova esperienza a stelle e strisce.

Il mio personale consiglio è quello di costruirvi un team fidato nella zona in cui vorrete operare che, traendo il giusto guadagno dalla gestione dei vostri immobili, vi aiuterà a far rendere al meglio il vostro investimento.

Se vorrete seguirmi, vi illustrerò esattamente il mio metodo di lavoro che, grazie all'esperienza che ho maturato sul campo in prima persona, è ben rodato sia nelle figure chiave che nei metodi di lavoro e di verifica. Lo ripeto, e non mi stancherò mai di dirlo, operando a distanza, hai la fondamentale esigenza di avere tutto sotto controllo, affinché l'investimento possa rendere al meglio e soprattutto sia perfettamente tutelato. E se ho il giusto metodo di lavoro ed il miglior team a disposizione, con una semplice connessione internet ed un computer, posso tranquillamente gestire il tutto da qualsiasi parte del mondo, compresa la comoda poltrona di casa mia.

Privato o società?
Dopo averti parlato del team che rappresenta, a mio avviso, il vero motore del tuo nuovo business, voglio parlarti di alcuni aspetti burocratici per iniziare ad operare al meglio.

La prima cosa da fare è capire se vuoi operare in forma privata oppure in forma societaria. La risposta è molto semplice.

Se la tua idea è quella di comprare una sola casa magari per passarci le vacanze, ti consiglio di operare come privato, anche perché i costi di gestione di una società, sebbene bassissimi rispetto ad una società italiana, non sono giustificati.

Se invece la tua idea, come è stata la mia all'inizio dell'avventura, è quella di diventare un investitore seriale, allora devi necessariamente operare con una società.

E parlando di società, non pensare che avere società in America sia così complicato come averla in Italia; qui è una cosa semplicissima sia costituirla che gestirla.

Operando come società, hai la possibilità di scaricare tutti, ma proprio tutti i costi che sosterrai nella gestione della tua attività, anche (ascolta bene) tutti i costi che sosterrai, se vorrai andare di persona in Florida a renderti conto di come procede il tuo investimento: volo, albergo, noleggio macchina, benzina, scheda telefonica americana, pranzi e cene. Scarichi tutto, non questo sì e questo no, questo in parte e questo per intero, come succede in Italia.

La semplicità di una società

Costituire una società negli Stati Uniti è semplice. Puoi fare tutto da casa davanti al computer. Sono necessari pochi documenti, una carta di credito e con circa 500 dollari puoi fare tutto. Entro qualche giorno poi riceverai nella tua casella di posta il FEIN, l'equivalente della nostra partita IVA e sei pronto ad iniziare la tua avventura. Se penso alla costituzione della mia prima SRL, in Italia mi viene da ridere...parcella notarile, capitale sociale, partita IVA e chi più ne ha più ne metta. Ricordo bene anche quando il commercialista, dopo diversi giorni, mi disse, "bene adesso sei pronto per iniziare" ... mi era già passato gran parte dell'entusiasmo, essendomi dovuto scontrare con una burocrazia logorroica, anche per me che sono molto paziente.

Uno dei motivi per cui è fondamentale agire con una società è perché è la società stessa a proteggere il tuo investimento.

Se hai un problema di vicinato, ad esempio, gli avvocati americani difficilmente inizieranno una causa contro una società, mentre, al contrario, saranno ben felici di iniziarla contro un privato. E di avvocati d'assalto ce ne sono veramente tanti in giro. Quando mi dissero questa cosa la prima, volta realizzai subito che, se volevo diventare investitore in Florida, avevo solo una strada da seguire, aprire la mia società.

Il conto corrente americano

Il passo successivo è l'apertura di un conto corrente americano in capo alla società presso una banca locale, in modo da poter trasferire i fondi dall'Italia e velocizzare le operazioni.

Ricordo ancora che, all'inizio della mia avventura americana, mi dissero che l'unico motivo per cui sarei dovuto andare obbligatoriamente in Florida era per aprire il conto corrente della società e cosi feci.

Premesso che io in Florida ci vado sempre molto volentieri, sia per il clima che per vedere con i miei occhi come si evolve il mercato immobiliare, ho scoperto con il tempo che anche questo passaggio di apertura del conto può essere delegato ad una terza persona di fiducia.

È infatti sufficiente, al momento della costituzione societaria, inserire all'interno del *board* della società, una persona di fiducia, residente negli Stati Uniti, che si occuperà di svolgere le pratiche burocratiche direttamente sul posto. A questa persona potrete assegnarle la carica sociale di segretario, escludendo, sin dal momento della costituzione, qualsiasi possibilità gestionale e decisionale.

A seconda del grado di fiducia che riponete in questa persona, questi potrà continuare a svolgere l'ordinaria burocrazia in loco, come ad esempio gestire la corrispondenza, supervisionare eventuali lavori, mantenere i rapporti con i fornitori, oppure dimettersi dalla carica sociale, una volta che ha aperto il conto corrente americano.

Il mio personale consiglio, laddove la persona sia meritevole della nostra fiducia, è quello di mantenerla comunque all'interno della società, incentivandola attraverso un compenso economico provvigionale e quindi a risultati ottenuti. Vi potrà essere di grande aiuto per lo sviluppo del business, specie all'inizio della vostra avventura.

Inoltre, dovendo avere un recapito postale negli Stases, che peraltro potrebbe tranquillamente essere presso il commercialista oppure presso una casella di posta UPS, l'abitazione del segretario potrebbe essere la soluzione migliore, poiché in questo caso ha anche la visione della corrispondenza in tempo reale.

Sei pronto per partire!

Hai capito bene. Sei pronto per partire.

Hai creato il team, hai costituito la società ed hai ottenuto il *fein*, hai aperto il conto corrente societario, hai un recapito postale e, se vorrai seguire il mio consiglio, avrai anche un segretario.

Non ti manca nulla. Sei pronto per mettere in pista la tua prima operazione immobiliare in Florida.

In questo momento sto immaginando le espressioni della tua faccia. Un misto tra incredulità e stupore e con una domanda che sorge spontanea: "ok mi sono dotato di tutti gli strumenti necessari per poter partire, ma da dove devo cominciare?

Nel prossimo capitolo ti illustrerò come setacciare il mercato alla ricerca delle migliori opportunità.

Ti elencherò gli strumenti che io stesso utilizzo per visionare in tempo reale tutti, e ripeto tutti, gli immobili presenti sul mercato in quel preciso istante in cui ti appresterai a ricercare il tuo primo affare immobiliare.

Capitolo 3:

Come setacciare il mercato immobiliare

Come ho spiegato nelle pagine precedenti, quel libro vuole essere una semplice guida per comprare case in Florida e investire in immobili, generando rendite passive direttamente dall'Italia.

Attraverso gli strumenti essenziali, quali un computer e una connessione internet, possiamo quindi superare le distanze che ci separano sia dalla Florida che, soprattutto, dalla nostra prima operazione immobiliare.

Come scegliere

Ti ho già evidenziato che il mercato è molto veloce rispetto a quanto siamo abituati a vedere in Italia. Questo però non implica che tu non debba avere una strategia vincente per ricercare, analizzare e scegliere gli immobili che più si adattano ai tuoi criteri di ricerca. Semplicemente bisogna essere più veloci. Se farai tutto quello che faresti in Italia, in un terzo del tempo, sicuramente otterrai i successi auspicati al triplo della velocità.

La tecnologia ti fornisce degli ottimi strumenti per poter setacciare al meglio il mercato alla ricerca degli immobili migliori e che più si avvicinano ai tuoi standard di selezione.

Ci sono diversi siti immobiliari che ti possono essere di aiuto per una ricerca attenta e minuziosa.
Personalmente, voglio sponsorizzarne due che, per semplicità di ricerca e per intuitività nell'analisi dei dati di ogni singolo immobile, reputo alla portata di chi vuole iniziare questo tipo di business a distanza.

I due siti immobiliari sono zillow.com e listingbook.com.

Entrambi offrono una panoramica completa su tutti gli immobili in vendita in una determinata zona che andrai a selezionare ma, a differenza di portali similari italiani, questi hanno ulteriori funzioni di fondamentale importanza per chi vuole esplorare attentamente il mercato alla ricerca di ottimi investimenti.

Una prova pratica
Proviamo ad esempio a fare una ricerca con Zillow.com per

capire le potenzialità del sistema. Dall'home page posso subito indirizzare la mia ricerca se voglio comprare (*Buy*), affittare (*Rent*), vendere (*Sell*) oppure avere la valutazione di una proprietà di cui già conosco l'indirizzo (*Zestimate*).

Supponiamo che voglia fare una ricerca per località, ho scelto come area di interesse la città di St. Petersburg, città che reputo molto interessante per investire, nella quale io stesso e tanti miei collaboratori hanno investito e stanno continuando ad investire con profitti considerevoli. Se io inserisco la città St. Petersburg, vedo che in questo momento ci sono migliaia e migliaia di case in vendita.

Da questo punto possiamo iniziare la vera e propria selezione, inserendo e modificandoli di volta in volta, quelli che sono i nostri parametri di ricerca. Possiamo ad esempio selezionare il range di prezzo in cui vogliamo stare oppure scegliere il tipo di venditore, cioè case vendute da *realtor*, vendute direttamente dal proprietario, vendute dalla banca etc....; possiamo inoltre scegliere il numero di camere da letto, la tipologia dell'immobile che stiamo cercando, ad esempio single family, *condo*, appartamenti, o pezzi di terreno su cui costruire; e ancora possiamo scegliere il numero di bagni, gli anni di vita dell'immobile, le dimensioni e le dimensioni del lotto di terreno su cui sorge il fabbricato.

Chiaramente, maggiori saranno i paletti che andremo a mettere nella nostra ricerca, maggiore sarà la scrematura che il portale farà, con il rischio di eliminare immobili che, se analizzati attentamente, potrebbero essere degli ottimi affari. Il mio consiglio è di tenere molto larghe le maglie dei criteri di ricerca, e soprattutto mettere pochi criteri di ricerca ma essenziali, quali ad esempio tipologia di immobile e range di prezzo.

Un dato molto importante per chi fa investimenti è il numero di giorni in cui l'immobile è presente sul portale. Questo dato, in una fase di mercato molto liquido e veloce, ha una doppia valenza: in primis possiamo vedere le tipologie di immobili più richieste dal mercato, ossia quelli che restano caricati sul portale per un lasso di tempo molto breve, inoltre possiamo fare una analisi più dettagliata su quegli immobili che sono caricati da parecchio tempo.

Infatti, se un immobile è presente in Zillow da oltre 60 giorni, sicuramente ha delle criticità che possono essere il prezzo troppo alto; ma anche lavori di ristrutturazione importanti che richiedono un esborso economico importante, tale da spaventare il classico acquirente americano che, come vedremo, vuole le case belle, pronte e profumate, meglio ancora se con la cucina arredata ed il prato pronto solo da essere tagliato.

Secondo la mia esperienza, sono proprio questi gli immobili su cui puntare; immobili problematici, che però hanno delle potenzialità che solo un investitore attento riesce a vedere. Su questi immobili, viste le criticità elencate, sarà possibile fare delle offerte a prezzo molto ribassato.

Fare tante offerte

Un buon investitore non si deve spaventare a fare offerte che io definisco simpaticamente "scandalose", ma si deve abituare a fare numerose offerte "scandalose", è solo ed esclusivamente una questione di numeri. Se per chiudere bene una operazione dovrò fare 15/20 offerte scandalose, allora mi devo attivare e farle nel più breve tempo possibile. Non mi devo abbattere dopo una, due, tre, cinque offerte rifiutate, ma al contrario, devo semplicemente essere consapevole che ho fatto un ulteriore passo verso la mia prima operazione immobiliare. E quando la mia proposta "scandalosa" sarà accettata... BINGO!

Ho fatto centro alle mie condizioni. Le migliori condizioni secondo la mia esperienza per concludere per un ottimo investimento immobiliare. Te lo ripeto, è solo una questione di numeri e di quantità di proposte fatte.

Quando ho iniziato ad investire in Florida, la situazione era completamente diversa, eravamo nel pieno della crisi immobiliare generata dai mutui *subprime* e c'erano talmente tante case, che le banche mettevano sul mercato a prezzi molto inferiori al reale valore di mercato. A quei tempi se facevi 15/20 proposte, e se eri fortunato, ne venivano accettate 8/10.

Oggi il rapporto si è abbassato notevolmente, ma gli affari ci sono sempre, solo che bisogna dedicare un po' più di tempo alla fase di ricerca e di selezione. Lavoro che puoi tranquillamente fare da casa tua con un computer ed una connessione internet.

Torniamo all'analisi della nostra ricerca, ipotizziamo di aver individuato un immobile che potenzialmente corrisponde alle nostre scelte; a questo punto devo analizzare l'immobile nei suoi particolari. Innanzitutto, dalla planimetria posso già individuare la zona e capire se potenzialmente è valida oppure è una zona poco adatta ad un investimento.

Inoltre, entrando nella scheda dell'immobile, oltre alla classica descrizione e documentazione fotografica, ci sono dei dati che mi possono indirizzare se proseguire o meno nell'analisi di questo specifico immobile.

Il primo dato che salta all'occhio è il prezzo richiesto comparato con il prezzo stimato dal sistema di Zillow. Se ad esempio il prezzo richiesto è 100.000 dollari e la stima di Zillow è 75.000 dollari, già capisco che l'immobile è completamente fuori prezzo di mercato e questa mia osservazione sarà suffragata dai giorni in cui è presente sul mercato, che saranno sicuramente parecchi.

Nella parte bassa posso analizzare la *Zestimate Details*, ovvero il grafico che mi indica le variazioni di prezzo stimato per questo immobile specifico, nell'ultimo anno o nei 5 anni precedenti o nei 10 anni precedenti. Nel grafico potrai vedere, oltre al prezzo stimato di questo immobile, anche il prezzo stimato di un immobile di simili caratteristiche nella zona ristretta e nell' intera città oggetto di ricerca.

Analizzando già solo questi dati, ci si rende conto se siamo di fronte ad un immobile potenzialmente interessante per il nostro investimento oppure un immobile da scartare subito.

Un altro dato fondamentale da analizzare per noi investitori alla ricerca di una rendita è il *Rent Zestimate*, cioè con lo stesso identico metodo con cui il sistema analizza il prezzo dell'immobile e comparandolo con altri simili nella zona e nella città, posso vedere la stima dell'affitto che posso percepire da quell'immobile.

Come più volte specificato, oggi siamo in una fase di mercato dove il *Flipping House* non è più così applicabile. Comprare per ristrutturare e rivendere, oggi è sostanzialmente fattibile, ma mettendo sul piatto ingenti capitali, perché le occasioni che c'erano qualche anno fa, ai tempi della crisi, oggi sono solo un lontano ricordo.

Oggi dobbiamo necessariamente adeguarci al mercato e puntare senza ombra di dubbio sul *Buy for Rent*, ovvero comprare ristrutturare e affittare. E lo scopo principe di questo mio primo libro risiede proprio nel suo titolo e sottotitolo: INVESTIMENTI IMMOBILIARI IN FLORIDA - *Come comprare case in Florida e investire in immobili generando rendite passive direttamente dall'Italia.*

Questo è il momento migliore per generare rendite passive attraverso il *Buy for Rent*, comprare, ristrutturare e affittare. Gli immobili devono necessariamente essere un attivo, non posso non considerare l'immobile come un attivo.

Lascia che ti spieghi cosa intendo quando parlo di attivo, perché molte persone possono interpretare in forma distorta questa affermazione. La maggior parte delle persone pensa che investire in immobili sia esclusivamente comprare una proprietà ad un prezzo basso, ristrutturarla velocemente ed in modo essenziale e rivenderla frettolosamente ad un prezzo più alto. Negli Stati Uniti questo sistema ha fatto la fortuna di molti investitori a partire dal 2008-2009, ma oggi è un sistema ormai passato e non più replicabile. Oggi lo scopo principe dell'acquisto di un immobile non è venderlo, ma è creare un attivo che genera reddito.

Se capisci questo concetto di attivo, sei nel posto giusto al momento giusto e ti basterà seguire attentamente le istruzioni contenute in questo libro.

Proseguendo la nostra analisi della scheda immobile di Zillow possiamo vedere il *Price History*, cioè la cronistoria del prezzo dell'immobile da quando è stato messo in vendita, prezzo, periodo e se ha avuto dei ribassi di prezzo.

Possiamo inoltre analizzare la *Tax History*, ovvero lo storico delle tasse di proprietà della casa, quanto negli ultimi dieci anni sono state le tasse annuali che hanno gravato sull'immobile in funzione, per intenderci, di quello che possiamo definire il suo valore catastale. Possiamo tranquillamente equiparare la *Property Tax* alla nostra IMU.

Altri dati interessanti che dobbiamo prendere in considerazione sono gli immobili attualmente in vendita nel quartiere, in modo da poter fare subito un ulteriore analisi comparativa tra questi.

Ultimo, ma non ultimo, un dato che non dobbiamo mai dimenticare di valutare, sono i tipi di scuole nelle vicinanze dell'immobile selezionato.

Questo dato è molto importante per chi cerca un immobile in affitto, poiché se la mia casa sarà vicina alle scuole, avrò molta più possibilità di affittarla ad un prezzo maggiore rispetto ad una che dista parecchie miglia.

Zillow inoltre mi propone subito un dato eccezionale, cioè *Similar Homes for Sale*, letteralmente case simili in vendita; a questo punto mi posso sbizzarrire nell'analisi di immobili simili nella zona. La cosa interessante è che il portale è molto intuitivo anche per chi, come me all'inizio della mia avventura, masticava poco o niente della lingua inglese.

Voglio però che siano ben chiari due aspetti importanti di questa fase di ricerca: la quantità e la velocità.

Quantità perché, come ti ho già detto, più immobili selezionerai e più possibilità avrai di chiudere con successo la tua prima operazione immobiliare.

Velocità perché il mercato americano, rispetto ad esempio al mercato italiano, è molto, ma molto più veloce ed effervescente. Quello che in questo momento è in vendita potrebbe non esserlo più tra un giorno e quindi non appena avrai selezionato uno o più immobili prendi immediatamente contatto con il *realtor* per formulare subito le offerte.

Non rimandare a domani quello che potresti fare adesso. In un mercato così effervescente la velocità è l'arma in più per diventare un ottimo investitore immobiliare. Non scoraggiarti, se individuato l'immobile e contattato il *realtor,* questo ti dica che l'immobile è già sotto contratto oppure addirittura stato venduto.

Questo potrebbe succedere per due motivi, primo per la velocità di un altro interessato e secondo perché potrebbe verificarsi una mancanza di aggiornamento in tempo reale da parte del *listing agent.*

Mi spiego meglio: l'agente che ha l'incarico di vendita, ha chiuso la vendita ed ha aggiornato il sistema MLS, ma non Zillow e quindi il tuo *realtor*, accedendo al sistema MLS, cercherà l'immobile che hai selezionato e lo troverà con la dicitura "venduto" o "sotto contratto".

Nessun problema, impara a convivere con questo inconveniente. Anzi, a maggior ragione, fallo diventare un punto di forza, un ulteriore stimolo per essere ancora più veloce e focalizzato sulla quantità di immobili da selezionare.

Zillow.com è solo uno dei portali dove puoi trovare immobili in vendita. Funzionano tutti allo stesso modo, quindi ricordati di focalizzarti sulla ricerca e sul selezionare gli immobili che rispecchiano le tue caratteristiche di zona, di prezzo e soprattutto di rendita.

Ricordati che stai costruendo *attivi*, e gli attivi, come una grande impresa, si costruiscono passo dopo passo, seguendo le istruzioni. Un altro portale di ricerca che personalmente reputo ancora migliore è listingbok.com. Questo sito è più completo e preciso e si interfaccia meglio con l'MLS. Per accedervi, devi essere invitato da un *realtor* che ti inserirà secondo quelle che sono le tue esigenze immobiliari.

Il portale è completamente gratuito, e, se vorrai provarlo, ti basterà contattarmi attraverso i social e insieme inseriremo le tue credenziali per poter accedervi fin da subito.

Esistono poi altri portali che ti possono aiutare nella valutazione dell'immobile, ma, per mia esperienza, già l'utilizzo di zillow.com e listingbook.com, ti permetterà di acquisire esperienza, iniziando a prendere contatto con il mercato immobiliare.

Nel prossimo capitolo ti spiegherò come, dopo aver selezionato gli immobili giusti, potrai chiudere la tua prima operazione immobiliare senza stress e in tutta tranquillità.

Capitolo 4:
Come chiudere la tua prima operazione

Quando ho chiuso la mia prima operazione immobiliare, mi trovavo in Florida e ricordo ancora le sensazioni che provai quando, confrontandomi con la mia socia di allora, decidemmo di fare la proposta per una bella *single family*, che aveva necessità di essere ristrutturata e che si trovava in una bella zona che avevamo personalmente visitato.

Era una casa venduta dalla banca ed i tempi di attesa per avere una risposta erano di circa 2/3 giorni. Una volta firmata la proposta, passai la notte in bianco, tante erano le emozioni e i dubbi che mi assillavano. Avrò fatto la scelta giusta, il prezzo proposto sarà accettato dal venditore, sarà un ottimo affare, ma ben presto tutti questi dubbi si sciolsero come neve al sole, quando il nostro *realtor* ci comunicò che la proposta era stata accettata e che potevamo procedere con il *closing*.

Quella casa rappresentò per me il trampolino di lancio verso un nuovo business, un nuovo mondo, una nuova realtà. Quella prima casa comprata fu l'inizio concreto della realizzazione del sogno americano di cui tanto avevo sentito parlare e di cui tanto avevo bisogno per dare una svolta concreta alla mia vita.

Adesso anche tu hai tutti gli strumenti che ti servono. Sei pronto per fare il primo passo verso il tuo sogno. Quello che ti aspetta da questo punto e per i prossimi mesi sarà qualcosa di magico, se vorrai seguire le istruzioni e se vuoi veramente diversificare alcune aree del tuo business e dei tuoi investimenti.

Ricorda bene che il mercato americano ti dà la possibilità di ottenere risultati positivi in un tempo molto più breve rispetto al mercato italiano, ma non deve mai mancare da parte tua impegno, determinazione e utilizzo delle giuste strategie.

Se avrai seguito le istruzioni dei capitoli precedenti, adesso sei pronto per decollare e per entrare nel vivo della trattativa.
Tutta la parte di preparazione è già stata svolta e quindi hai già la tua squadra pronta a supportarti, una società americana già

costituita e operativa, un conto corrente americano dove hai già versato i capitali per l'investimento e starai già da qualche giorno setacciando Zillow e Listingbook alla ricerca degli immobili giusti, quelli che rispecchiano al meglio le tue esigenze.

Una single family per iniziare

Per iniziare il mio consiglio è quello di orientarti sulla tipologia delle *single family*, ovvero quelle case indipendenti circondate da giardino che tutti abbiamo visto nei film o nelle serie televisive americane. Possono avere 1, 2 o 3 camere da letto e 1 o 2 bagni; possono avere o meno la piscina ed il garage. Specie all'inizio consiglio questa tipologia di casa perchè sono le più richieste in assoluto dal cliente finale e anche se sono da ristrutturare, non corriamo il rischio di avere delle sorprese non visibili al momento del sopralluogo.

A proposito di "sorprese non visibili", almeno in prima battuta, ricordo benissimo quella volta che stavo per acquistare un condo in un condominio, in ottima posizione di fronte al mare con un prezzo molto appetibile. Non riuscivo a capire perché con una posizione del genere e con un prezzo così interessante il condo era sul mercato da parecchio tempo e non era ancora stato venduto.

Entrando nei dettagli dell'immobile, mi accorsi che la maggior parte dei condomini non aveva pagato le spese condominiale ed il condominio era prossimo al fallimento. Hai capito bene, non sarebbe bastato pagare le spese condominiali arretrate del singolo condo, perché l'intero condominio era a rischio fallimento e l'operazione avrebbe avuto importanti ripercussioni su un'operazione che, in prima battuta, sembrava molto interessante.

Con le *single family* questi imprevisti difficilmente possono succedere. Il nostro obiettivo è operare con la massima sicurezza, tutelando in maniera quasi ossessiva il nostro investimento.

Quando avrai individuato sui portali una o più *single family* che pensi possano avere le caratteristiche giuste, devi assolutamente entrare nella mentalità e nell'operatività americana, dove la parola d'ordine è velocità. Negli Stati Uniti tutto funziona ad una velocità che per noi italiani è inimmaginabile.

Ricordo ancora la faccia della mia socia (...e anche la mia) quando ci comunicarono che la nostra prima proposta era stata accettata. Era mercoledì mattina e ci trovavamo negli uffici del nostro *realtor* a St. Petersburg. Dopo i convenevoli di rito, mossi dall'entusiasmo di aver vista accettata la nostra proposta, chiesi quando potevamo stipulare il *closing*, cioè l'equivalente del nostro atto notarile per il passaggio di proprietà e la risposta fu venerdì, io sorrisi e chiesi di quale mese? venerdì, dopodomani…! Questa fu la risposta.

Tra lo sbalordito e l'incredulo, capii che il traguardo del mio primo acquisto immobiliare si avvicinava ad una velocità inimmaginabile e che stavo uscendo dai canoni della lenta burocrazia italiana per catapultarmi in un mondo dove tutto viaggia ad una velocità decisamente superiore.

Chiaramente non sempre si riesce a fare un *closing* in pochi giorni, ma sicuramente non parliamo dei tempi biblici a cui siamo abituati noi italiani.

La prima proposta

Siamo pronti per la nostra prima proposta. Una volta individuato uno o più immobili, devi agire in modo molto veloce. Il motivo è molto semplice, quell'immobile potrebbe già essere stato venduto o messo sotto contratto.

Quindi per prima cosa devo contattare il mio *realtor* e fargli controllare se quell'immobile è ancora disponibile. Il *realtor* effettuerà il controllo in prima battuta accedendo al portale MLS (che ti ricordo essere uno strumento in uso esclusivo dei *realtor*) poi contattando telefonicamente il *listing agent*, ovvero l'agente che ha il mandato di vendita, perché potrebbe succedere che l'immobile è stato messo sotto contratto o addirittura già venduto e il listing agent non ha ancora aggiornato i portali.

Un ulteriore consiglio che ti vorrei dare è quello di selezionare più immobili che rispondono ai nostri criteri di ricerca e fare più offerte contemporaneamente; primo perché non tutte le offerte che faremo verranno accettate e quindi, se facciamo un'offerta alla volta, il tempo passa velocemente e le possibilità di chiudere affari diventano ridotte; secondo perché, una volta che abbiamo fatto l'offerta, abbiamo sempre la possibilità di recedere attraverso una via di uscita da non sottovalutare, in quanto di grande aiuto per noi investitori, la procedura di *ispection*.

Nella nostra proposta possiamo, anzi dobbiamo, inserire una clausola a favore dell'acquirente, che è la possibilità di fare ispezionare la casa da un *ispector* (figura professionale munita di regolare licenza, che farà un'analisi dettagliata dell'immobile, una vera e propria fotografia dello stato attuale della casa).

Generalmente, nel contratto subordiniamo la conclusione dell'affare al buon esito dell'ispezione che deve essere realizzata entro 3/5 giorni. In caso di accettazione della nostra proposta, manderemo quindi il nostro *ispector* di fiducia a fare un sopralluogo alla casa e questi certificherà lo stato attuale dell'immobile relativamente agli impianti, all'aria condizionata, alle strutture, al tetto; in sostanza farà una fotografia dello stato attuale dell'immobile.

La relazione dell'*ispector* ci permetterà di avere tutte le informazioni relative allo stato dell'immobile ed anche una indicazione precisa dei lavori che devono essere fatti per rendere l'immobile affittabile o vendibile.

Se dopo l'ispezione emergeranno dei difetti che non erano

visibili, come ad esempio l'intero sistema dell'aria condizionata da sostituire, che ad occhio nudo non poteva essere percepito, avrai il pieno diritto di rinunciare all'acquisto e recedere dal contratto, oppure potrai riformulare una nuova offerta al ribasso, cercando di ottenere un ulteriore riduzione di prezzo, in considerazione di tali difetti invisibili e scoperti unicamente con l'*ispection.*

Tieni presente che il costo di una ispezione si aggira, per una *single family*, attorno ai 350 $; soldi ben spesi per evitare spiacevoli sorprese che possono minare la bontà dell'investimento. Chiaramente non devi fare l'*ispection* per ogni immobile che ti interessa, ma la devi fare per ogni immobile su cui hai fatto una proposta e questa sia stata accettata.

Alla proposta è sempre bene allegare la *proof of funds,* ovvero la prova dei fondi, che è semplicemente la copia del vostro estratto conto, oppure una dichiarazione della banca che attesti la disponibilità dei fondi per coprire l'intera operazione di acquisto.

Questo documento è tassativo se il venditore è una banca che, in assenza della *proof of funds*, non prende neanche in considerazione la proposta, ma è consigliabile allegarlo anche nel caso in cui il venditore sia un privato. Agli americani non piace perdere tempo. Per loro il famoso detto *il tempo è denaro* è un dogma e quindi anche il privato preferisce interagire con un acquirente sicuro di avere già i soldi pronti e disponibili sul conto.

Capita sovente di veder accettata la propria offerta ad un prezzo più basso, ma con pagamento *cash,* entro un lasso di tempo breve rispetto ad un'offerta più alta di un acquirente che però necessita di un prestito dalla banca, quindi con tempi più lunghi.

Proposta accettata
Una volta che la vostra offerta sarà accettata e che l'ispection da voi commissionata avrà avuto i risultati per voi ottimali, siamo in dirittura d'arrivo. In primis, dobbiamo immediatamente procedere con il versamento della caparra secondo i modi e i termini che avremo indicato nella proposta.

La caparra non andrà versata direttamente al venditore, come avviene in Italia, ma andrà versata alla Title Company, in uno specifico *escrow account*. Ricordati che nessun soldo andrà al venditore prima della stipula del *closing*.

La Title Company ha esattamente la funzione di Notaio ed è garante dell'esatta e corretta transazione immobiliare. La Title Company è una compagnia privata, accreditata dallo stato per svolgere l'intera attività di passaggio di proprietà del bene immobile, che va dal trattenere i vostri soldi in garanzia in un conto specifico fino ad espletare tutte le pratiche burocratiche per il passaggio del titolo di proprietà.

La compagnia verificherà la bontà del titolo di proprietà ed emetterà una assicurazione sul titolo che tutela l'acquirente da qualsiasi azione legale che un terzo potrebbe avanzare per qualsiasi disputa sul titolo.

Verificherà inoltre tutte le possibili criticità quali ad esempio ipoteche, vincoli stragiudiziali, tasse non pagate, quote condominiali non pagate, eventuali *lien* della city o della contea.

La cosa che mi ha lasciato favorevolmente stupito è che se, ad esempio, il venditore non ha pagato le tasse di proprietà dell'immobile, queste vengono trattenute direttamente dalla Title

Company all'atto del pagamento finale, e sarà la stessa Title Company ad occuparsi direttamente del pagamento.

Anche questa è una importante garanzia di un acquisto sicuro.

Il closing

Una volta terminati tutti i controlli, la Title Company predisporrà tutti i documenti del *closing*, e dovrete versare la quota rimanente a saldo del pagamento dell'immobile direttamente *sull'escrow account* della compagnia, lo stesso in cui avete versato la caparra.

Il giorno del *closing* la Title Company emetterà un assegno intestato al venditore al netto, ripeto al netto, di tutte le spese necessarie per il closing.

I conteggi definitivi del *closing* sono contenuti in un documento chiamato HUD; un modulo utilizzato per dettagliare al centesimo di dollaro tutti i costi, sia quelli a carico del venditore che quelli a carico dell'acquirente. Questo documento, cosi come tutti gli altri documenti del *closing*, viene stilato dalla Title Company ed al suo interno vengono inserite tutte le voci di spesa tra cui, ad esempio, le tasse di proprietà fino a quel giorno e la parcella del *realtor*;

Anche in questo caso, con garanzia e trasparenza totale, il *realtor* sarà pagato direttamente dalla Title Company e non, come avviene in Italia, dal venditore.

Da agente immobiliare, questa procedura mi ha aperto un mondo completamente diverso, visto che da noi capita sovente di dover far ricorso alle più svariate tecniche per poter essere pagati dai propri clienti che cercano sempre e comunque di abbassare il compenso dovuto all'agente immobiliare.

Negli Stati Uniti, la provvigione dovuta al *realtor* non solo non è negoziabile, ma viene trattenuta direttamente dalla Title Company e versata all'agente immobiliare il giorno del *closing*.

Ricordati che negli Stati Uniti, a differenza di quanto avviene in Italia, la commissione degli agenti immobiliari è pagata esclusivamente dal venditore; l'acquirente non paga nulla. La commissione è sempre del 6% ed in caso di due agenti, uno del venditore e uno dell'acquirente, l'agente venditore "splitterà" la percentuale dovuta all'agente dell'acquirente.

Questa commissione del 6% viene detratta, come abbiamo detto, dall'importo spettante al venditore e pagata direttamente dalla Title Company, attingendo all'*escrow account* contenente tutti i depositi dell'acquirente.

Come formalizzare il closing

Il closing, ovvero la firma di tutti i documenti relativi al passaggio del titolo di proprietà, può essere formalizzato in modi diversi.

Sarebbe affascinante essere presenti direttamente negli States e firmare in prima persona ed in tempo reale i documenti.

È un'esperienza particolare. A differenza di come siamo abituati noi in Italia, che quando dobbiamo firmare un atto notarile andiamo nello studio del Notaio, uno studio nella maggior parte dei casi sfarzoso e imponente, e ci troviamo sempre davanti il Notaio, figura imperiosa per eccellenza, sempre in abiti molto eleganti. In Florida, invece, ci potremmo trovare in una situazione diametralmente opposta, informale e molto colorita. Situazioni che molte volte abbiamo apprezzato nei film americani.

Ti potrebbe, ad esempio, capitare che i documenti del *closing* siano firmati al tavolo di un lounge bar, sorseggiando un delizioso cocktail e assaporando scampi freschi con il referente della Title Company ed il *realtor* in bermuda ed infradito e una sgargiante maglietta hawaiana.

Anche questa non è la prassi, ma può succedere sovente di vivere questa esperienza per noi italiani abbastanza "strana". Cosi come ad esempio è normale assistere ad un colloquio di lavoro ai tavoli di Starbucks. Capisco sia difficile da immaginare per noi italiani, che per alcuni aspetti siamo molto formali, ma questa è la realtà americana e devo confessarti che, una volta calato in questa realtà, tutto diventa molto più semplice; ti posso assicurare inoltre che, settando il tuo cervello su questi standard, tutto diventa più sereno e gioioso.

Diversamente, se vorrai gestire il *closing* in tutta tranquillità dall'Italia, avrai di fronte a te due strade percorribili:

nominare una persona di fiducia direttamente sul posto, dandogli potere di firma attraverso una procura notarile, oppure inserendolo direttamente nel *board* della società con una funzione ben specifica, avendo ben cura di indicarne i poteri e che potrà fare le tue veci in Florida.

Questa persona potrebbe essere, come abbiamo visto in precedenza, il segretario della società.

Un'altra strada percorribile è quella di farsi inviare i documenti in Italia, andare in ambasciata e notarizzare le firme che apporrai sui vari documenti. Una volta siglati e notarizzati, tutti i documenti dovranno essere rispediti negli Stati Uniti con posta aerea. Consiglio in questo caso di anticipare alla Title Company via mail tutti i documenti notarizzati, in modo da velocizzare la pratica.

Quando la Title Company riceverà i documenti originali, provvederà alla registrazione in tempo reale del passaggio di proprietà e alla consegna dell'importo dovuto al venditore.

Finish! Abbiamo comprato la nostra prima casa; abbiamo fatto il primo passo concreto verso il nostro obiettivo principale, generare *rendite passive direttamente dall'Italia*.

Nel prossimo capitolo sarà mia cura spiegarti come procedere, una volta fatto il *closing*, per poter arrivare velocemente a guadagnare i tuoi primi dollari americani.

Capitolo 5:
Come iniziare a guadagnare

Anche la montagna più alta è scalabile, basta semplicemente fare il primo passo e, passo dopo passo, senza neanche rendersene conto, siamo in cima. La cosa più difficile è proprio fare quel "maledetto" o "benedetto" primo passo. Ma è nel momento delle decisioni che si vedono i risultati e, se mi hai seguito fino a questo punto, vuol dire che dentro di te si sta annidando la consapevolezza che vuoi qualcosa di più da te stesso, dai tuoi investimenti, dalla tua vita.

Quando iniziai questo percorso, avevo una vita professionale che secondo me era ottimale, ma, essendo io una persona sempre votata al miglioramento ed alle novità, mi rendevo conto che mi mancava qualcosa, anche se non capivo bene cosa.

Poi all'improvviso, quasi come una visione, dopo un corso di formazione nel settembre del 2012, mi apparve la strada che dovevo seguire. Unendo tutti i puntini di quelli che erano i miei desideri, i miei sogni, le mie necessita, le mie ambizioni, la mia voglia di cambiamento, non solo mi apparve la strada da seguire, ma una vera e propria pista di decollo con destinazione Stati Uniti ed in particolare la Florida.

Già mi vedevo al caldo ad imbracciare i miei strumenti di lavoro, una bella macchina sportiva, rigorosamente decapottabile e presa a noleggio ed un tablet con connessione internet per poter visionare in tempo reale decine e decine di immobili. Il tutto vivendo in prima persona quel lavoro di pubbliche relazioni a cui ero abituato in Italia, nel tessere relazioni con fornitori ed artigiani del posto alla ricerca di quelli che meritavano di far parte del mio Team.

Non è stato un lavoro facile, ma è stato possibile. Con grandi sacrifici, specie all'inizio, quello che era solo un sogno si è trasformato, con il passare del tempo, in un bellissimo business.

Lo scopo di questo libro è proprio trasmetterti la mia esperienza, fatta direttamente sul campo, in prima persona e non per sentito dire, mettendoci sempre la faccia e, permettimi di dirlo, mettendoci anche i soldi, rischiando di tasca mia.

Oggi sono qui a condividere con te che mi stai leggendo le procedure e le tecniche per sviluppare un business nel settore immobiliare americano ma, soprattutto, vorrei trasmetterti le emozioni che mi hanno spinto ad intraprendere questo percorso.

Come ti ho già detto, non è stato un percorso facile, piuttosto un percorso fatto di montagne da scalare e onde da cavalcare, ma è stata un'esperienza meravigliosa, che mi ha accresciuto sia dal punto di vista professionale che dal punto di vista personale. Un tratto di vita in un mondo completamente diverso da quello in cui sono nato e cresciuto e che mi ha portato a confrontarmi, quasi quotidianamente, con tutti gli attori che gravitano attorno a questo business. Confronti avvenuti sia dall'Italia, grazie al supporto tecnologico, sia direttamente sul posto in Florida.

Se alla fine di questo libro sarò riuscito a trasmetterti il desiderio di approfondire i temi trattati, vorrà dire che avrò fatto un buon lavoro ed avrò impiantato in te il seme della curiosità, del desiderio, del sogno americano e sarebbe per me un grande onore poterti aiutare a svilupparlo. Fatta questa doverosa premessa, torniamo insieme alla sostanza ed alla pratica. Il business chiama e noi dobbiamo farci trovare estremamente pronti e motivati per cavalcarlo con successo.

Pronti, via: ristrutturare.
Come illustrato nel capitolo precedente, una volta fatto il *closing* della nostra prima casa, siamo pronti per affrontare la fase della ristrutturazione; a mio avviso, uno dei momenti migliori e più intriganti, perché vedi la tua fonte di reddito cambiare aspetto, adeguandosi alle esigenze dell'utilizzatore finale.

Voglio subito proporti una riflessione molto importante, direi fondamentale per lo sviluppo del tuo business. Un dogma che se non fai tuo immediatamente potrebbe causarti parecchie perdite di tempo e di denaro, sia nella fase di affitto che nell'eventuale fase di rivendita.

Tu sei un investitore immobiliare e non l'utilizzatore finale della casa che hai comprato. Devi assolutamente entrare in questo tipo di mentalità, che, detta così, sembra una banalità, una cosa talmente logica. Ma ti posso assicurare che ho visto numerosi colleghi scontrarsi con il *realtor* piuttosto che con il *general contractor*, anteponendo il proprio gusto al senso degli affari. La casa che hai comprato non deve essere ristrutturata a tua immagine e somiglianza, secondo quelli che sono i tuoi gusti e le tue esigenze di vivibilità, ma, trattandosi di un investimento in una terra a te straniera e sconosciuta, deve essere su misura per il cliente finale.

In questo business del *buy for rent* (comprare per affittare), il cliente finale è il tipico lavoratore americano che ha esigenze e gusti molto differenti dai nostri. Vuole la casa pronta per essere abitata senza nessun lavoro extra da fare, e anche la semplice imbiancatura è già un lavoro di troppo che difficilmente vuole affrontare. La casa deve essere già pronta, bella e pulita, se arredata parzialmente ancora meglio e con il prato già tagliato.

All'inizio della mia avventura mi spiegavano che era possibile comprare una casa per 50.000 dollari, imbiancarla dentro e fuori, cambiargli la moquette delle camere e rivenderla a 90.000 dollari. Per me era fantascienza. Abituato al mercato italiano dove i margini erano molto stretti, non capivo come 5/6.000 dollari di lavori facessero incrementare così tanto il valore di mercato della casa. Quando iniziai ad operare sul posto, appresi subito una regola fondamentale per questo business: gli americani vogliono la casa pronta per essere abitata, e se la cucina è già pronta per essere usata ancora meglio. Non vogliono mettersi loro a fare lavori che, se anche semplici, non gli competono.

I nostri clienti finali hanno già il loro lavoro ed il tempo libero non lo vogliono assolutamente dedicare alla casa, ma ad attività più rilassanti quali barbecue e siesta in giardino. Vogliono una vita comoda e sono disposti a pagare bene questa comodità.
A differenza di noi italiani, che viviamo la casa come il nido della famiglia e come un investimento da tramandare ai figli, per loro la casa è solo un bene di consumo al pari di un'automobile.

Difficilmente si affezionano ad una casa, tant'è che la mobilità per loro è una cosa normalissima. Spostarsi da uno stato all'altro per lavoro, è una cosa per loro naturale, così come è naturale cambiare casa diverse volte nell'arco di una vita.

Questa doverosa premessa, una volta che mi è entrata nella testa, ha cambiato completamente la mia visione del lavoro. Mi ha permesso di vedere la casa con gli occhi di un americano, con i desideri e le necessità di un americano. Mai e poi mai, ad esempio, avrei messo la moquette in un soggiorno o addirittura in cucina. Per loro invece è normale; quindi perché non farlo?

Quando sarai nella fase di ricerca della tua casa, dovrai valutare bene tutti i lavori che ci saranno da affrontare prima di poter mettere a reddito la casa. Ti troverai di fronte a case già quasi pronte per essere abitate, dove una semplice ristrutturazione di "facciata" è sufficiente a rendere l'immobile appetibile e ben affittabile; oppure troverai case che necessitano di una ristrutturazione importante, ed in quel caso dovrai lavorare in maniera più decisa sull'immobile, andando ad intervenire anche sugli elementi principali della casa, come ad esempio il tetto, i pavimenti e i bagni.

Quello che consiglio io, soprattutto all'inizio, è puntare su case che necessitano di pochi lavori: una imbiancatura generale, il rifacimento della moquette, la sostituzione dei mobiletti della cucina e degli elettrodomestici, il rifacimento del giardino esterno, tutti lavori molto veloci e molto semplici, che però danno un'immagine completamente diversa alla casa.

Con il passare del tempo, acquisendo dimestichezza con i materiali e con i fornitori, possiamo iniziare a fare ristrutturazioni importanti, ed in quel caso, come è logico che sia, l'investimento sarà maggiore ma anche i ricavi saranno maggiori.

In ogni caso, siano lavori di facciata che lavori strutturali, mi preme darti due consigli frutto della mia personale esperienza; due segreti che ho fatto miei e che molto volentieri condivido con chi si avvicina a questo mondo da perfetto sconosciuto.

Per ristrutturare casa affidati ad un general contractor

La soluzione più semplice e, alla fine dei conti, anche la più economica per eseguire i lavori di ristrutturazione, è quella di affidarti ad un *general contractor,* un artigiano certificato presso la contea, che si può occupare di tutti i lavori necessari a ristrutturare al meglio la casa.

Il *general contractor*, oltre ad essere un professionista

riconosciuto e in possesso di regolare licenza, non solo ti potrà rilasciare tutte le fattura che manderai in detrazione per abbattere il carico fiscale, ma, cosa più importante, si occuperà personalmente di ottenere i permessi necessari per eseguire tutti i lavori. Ricorda che tutti i lavori che eseguirai dovranno essere autorizzati dalla city. Eseguire dei lavori senza un regolare permesso, può comportare spiacevoli sorprese, quali multe o sospensione dei lavori e, in caso di rivendita, problemi di conformità dei documenti.

L'aspetto positivo è che in Florida, a differenza dell'Italia, la burocrazia è quasi inesistente e l'ottenimento dei permessi è semplice e quasi immediato, ma se sbagli, le multe sono molto salate e la city è molto rigida in questo. Inoltre potresti avere problemi in caso di rivendita se i lavori non sono stati fatti con i giusti permessi.

Affidati ad un supervisore per il controllo dei lavori
Proprio mentre sto scrivendo, il mio partner commerciale, Graziano, sta ristrutturando una bella casetta indipendente che necessita di importanti lavori e per tutte le fasi lavorative si è

affidato a Joe, un *general contractor* di colore, che gli consegnerà la casa finita chiavi in mano. Ovviamente Graziano, oltre ad essere il proprietario della casa, sarà anche colui che effettuerà la supervisione dei lavori, verificando che siano eseguiti nei tempi prestabiliti e a perfetta regola d'arte.

Graziano è il mio supervisore che, abitando con la famiglia in Florida, si è specializzato nella gestione delle case, relazionandomi costantemente con foto e filmati su come procede il business, insomma i miei occhi quando sono a casa in Italia. Se i nostri investimenti vanno così bene lo dobbiamo anche a lui che gestisce le nostre proprietà come fossero le sue.

Ha aiutato diversi investitori che, per cause diverse, hanno avuto problemi di gestione delle proprie case. Ha preso in carico immobili amministrati non alla perfezione o, addirittura, abbandonati a sè stessi, senza la minima comunicazione tra le parti interessate, e li ha fatti tornare a risplendere da un punto di vista sia visivo che, soprattutto, reddituale per l'investitore.

Una figura di riferimento in loco, come già detto nei capitoli precedenti, è di basilare importanza per la buona riuscita del business. In ogni zona dove opero, tendo ad avere delle figure di riferimento che possano supportarmi ed anche sopportarmi, perché ti assicuro che, stando dall'altra parte del mondo, sei desideroso di avere subito notizie e risposte immediate, senza magari renderti conto che anche il semplice fuso orario provoca ritardi di qualche ora nelle comunicazioni.

La figura di riferimento, il supervisore, il braccio destro, chiamiamolo come vogliamo, svolge un'attività che può svolgere anche il *realtor* che avrai scelto nella zona dove vorrai operare.
Personalmente ho scelto Max e Giulia, due meravigliosi e professionali *realtor*, che mi sostengono sia professionalmente che moralmente, specie quando tendo a vedere le cose con gli occhi dell'investitore italiano e non con gli occhi dell'affittuario americano.

Tante e tante volte, visitando immobili, mi sono sentito dire: *"guarda che non ci devi andare a vivere tu"*; e a lungo andare mi sono convinto che era cosi. Avere una persona che ti ricorda questa cosa, ha fatto per me un enorme differenza ed ha velocizzato molto sia le scelte di un determinato immobile che la tipologia di ristrutturazione.

Quando parlo di velocità nei tempi di ristrutturazione di un immobile mi viene veramente difficile spiegarlo perché, purtroppo, siamo legati ed abituati ai tempi della burocrazia italiana che ci mette settimane, il più delle volte mesi, per rilasciare autorizzazioni per qualsiasi intervento edile.

Per farti capire cosa intendo quando parlo di velocità, ti faccio un esempio concreto che mi ha visto testimone in prima persona. Nel dicembre 2012 mi trovavo con la famiglia a Fort Myers, i nostri vicini avevano appena venduto la casa, una *single family* con piscina di circa 100 mq composta da 3 camere e 2 bagni.

Il 26 dicembre, di buon'ora, fummo svegliati dai rumori che provenivano dalla casa vicina; avevano iniziato i lavori di ristrutturazione. Spinto dalla curiosità, mi affacciai e presi contatto con il responsabile dei lavori che, con molta cordialità, oltre a scusarsi subito per gli eventuali disagi che il cantiere ci avrebbe provocato sia in termini di rumori che di mezzi in movimento, mi spiegò esattamente tutti i lavori che avrebbero eseguito, garantendomi che avrebbero terminato il cantiere in 10 giorni.

Ricordo molto bene la mia espressione mista tra stupore e incredulità, ma di fatto il 5 di gennaio i lavori erano terminati. Lavorarono ogni singolo giorno, anche i festivi, ma mantennero l'impegno con il nuovo proprietario, consegnando la casa finita nei tempi previsti dal contratto.

Ti posso garantire che la casa aveva completamente cambiato faccia, sia internamente che esternamente, quasi come fosse stata toccata dalla bacchetta magica.

Una volta terminati i lavori, la casa fu rimessa in vendita ed entro la fine del mese di gennaio c'erano già i nuovi proprietari. Fu un'ottima operazione *buy for flipping,* comprata, ristrutturata e rivenduta. Una di quelle operazioni che allora erano la prassi, ma che oggi stanno diventando sempre più difficili da fare a causa della scarsità di queste tipologie di case che presentano i margini molto ristretti rapportati al capitale investito.

Oggi conviene sfruttare questa velocità per fare operazioni *buy for rent* comprare, ristrutturare velocemente e ricercare l'inquilino;

messa a reddito veloce con la garanzia che l'inquilino pagherà regolarmente. L'investitore che vuole fare operazioni di messa a reddito dell'immobile, attraverso l'affitto, sarà premiato soprattutto dalla legislazione che tutela la proprietà privata e non coloro che vogliono fare i furbi.

Più avanti ti illustrerò nei dettagli la procedura di *eviction*, l'equivalente del nostro sfratto per morosità, e rimarrai scioccato (hai capito bene, scioccato!) dai tempi di rilascio dell'immobile da parte di un inquilino moroso: due mesi! Se hai già avuto a che fare, o direttamente o per sentito dire, con un inquilino moroso in Italia, sai esattamente di cosa sto parlando.

Parlando di velocità di esecuzione dei lavori, in Florida siamo agevolati anche dal fatto che i materiali utilizzati sono semplici e facilmente lavorabili. Ti basti pensare che le case internamente sono tutte fatte in cartongesso, in pochissimo tempo demolisci pareti e le ricostruisci in una differente posizione.

È la loro tipologia di costruzione che rende tutto più veloce. Tutti gli immobili, sia che parliamo di *single family* in una zona popolare sia che parliamo delle ville al mare, che spesso vediamo nei film americani, hanno la stessa identica struttura portante e la stessa tipologia di costruzione, anche nei materiali di finitura.

Quello che fa la differenza, quello che fa variare esponenzialmente il valore della casa, è principalmente la location in cui sorge, ma non le caratteristiche costruttive. Per te che sei un investitore e vuoi far rendere al meglio il tuo capitale, il focus su cui devi porre l'attenzione è la velocità. Una volta fatto il *closing*, meno tempo ci metti a ristrutturare la casa, prima avrai la tua prima rendita automatica.

Terminata la ristrutturazione, il passo successivo è quello di selezionare il miglior inquilino possibile per la tua casa, al fine di evitare spiacevoli sorprese.

E quando parlo del miglior inquilino possibile, intendo dire che si deve aprire una procedura tale per cui, attraverso i giusti strumenti tecnologici, si possa affittare la casa ad un inquilino solvente, che abbia un ottimo *credit score*, ovvero sia un ottimo pagatore, e che sia realmente motivato a vivere in quella zona e in quella casa per un periodo di tempo ragionevole.

Un piccolo inciso circa la durata dei contratti. In Italia siamo abituati a tradizionali contratti di "4 anni + 4 anni", dove, di fatto, il proprietario, una volta affittato un immobile, deve solo sperare che l'inquilino sia regolare nei pagamenti e soprattutto paghi, dimenticandosi di fatto l'immobile per 8 anni. Sono difatti ristretti i casi previsti dalla Legge in cui si può tornare in possesso dell'immobile al termine dei primi 4 anni.

In Florida, invece, è possibile stipulare contratti con una durata di massimo 1 anno, chiaramente rinnovabile, anche a diverse condizioni, laddove l'inquilino si dimostri solvente e voglia proseguire nella locazione dell'immobile. Capiamo bene che questa differenza temporale tra l'Italia e la Florida mi ha convinto da subito ad investire nel *rent* (nell'affitto) in Florida, dimenticandomi le bruttissime avventure mie e dei miei clienti che sono incappati, in Italia, sia in pessimi pagatori che in una burocrazia lenta e che non tutela per nulla l'investimento.

Nel prossimo capitolo ti illustrerò in modo molto chiaro come puoi tutelare il tuo investimento immobiliare, ovvero ti descriverò la procedura di *eviction*, l'equivalente di un nostro sfratto esecutivo per morosità dell'inquilino. Ti stupirai della semplicità, ma soprattutto della velocità di tale procedura.

Ti basti pensare che, se il tuo inquilino non paga l'affitto, in meno di due mesi lo sceriffo ti riconsegna l'immobile libero. Pensi che sia una buona prospettiva per valutare un investimento immobiliare in Florida?

Capitolo 6:
Come tutelare il tuo investimento

Se sei arrivato a questo punto del libro, sono sicuro che le domande che ti stai facendo sono molteplici, e tra queste la principale potrebbe essere: *"Tutto bello, tutto fattibile, mi affascina sicuramente questo nuovo business ma, come posso proteggere il mio investimento stando dall'altra parte del mondo?"*.

Questa domanda, ti posso assicurare, me la sono fatta anche io mille volte prima di iniziare ad investire in immobili in Florida e, sebbene legittima, è stata, specie all'inizio, un grosso freno sia per valutare l'opportunità che per muovere i primi passi.

Quando le emozioni prevalenti sono legate alla paura, tutto diventa più difficile, ed anche le piccole colline da scalare sembrano l'Everest. Focalizzarsi sui problemi, invece che sui risultati finali, è molto limitante, tant'è che ho perso parecchio tempo prima di decidermi se era conveniente e buono per me iniziare un nuovo business in Florida.

Erano mesi che, attraverso internet ed i siti immobiliari specializzati di cui ti ho parlato in precedenza, guardavo ed analizzavo il mercato delle case in Florida e capivo che c'erano degli ampi margini per inserirsi nel business; ma poi la paura prendeva sempre il sopravvento e ogni volta richiudevo i miei sogni nel cassetto.

La realtà era anche che, nonostante la crisi immobiliare che aveva colpito l'Italia, io ero a capo di una struttura che, vuoi per organizzazione, vuoi per location in cui operavo, stava andando a gonfie vele e quindi la mia solida realtà aveva sempre la meglio sui miei sogni americani.

La scintilla, la famosa scintilla che scocca in una determinata occasione e ti fa percorrere strade diverse, fu un incontro nel settembre del 2012 con Robert Kiyosaki, uno dei più grandi leader mondiale della formazione, specie nel campo immobiliare. Ricordo che, quando uscii da quell'evento a Rimini, avevo ben chiara la strada da seguire e, nei giorni seguenti, stravolsi completamente la mia vita professionale, indirizzando il mio focus principale su come investire in immobili in Florida.

Quel giorno fu l'inizio di un nuovo percorso di crescita professionale e anche personale che oggi, dopo tanta esperienza sul campo e in prima persona, mi trova qui a condividere con te quella strada che mi ha dato grandi soddisfazioni e fatto conoscere una realtà completamente diversa da quella a cui siamo abituati giornalmente qui in Italia.

Non mi voglio arrogare l'ambizione d'essere quella scintilla che fa scoccare in te il sogno di un business oltreoceano, ma sarei già molto felice se la lettura di questo libro avesse acceso in te un piccolo desiderio, la curiosità di conoscere qualcosa in più di questo mondo. Se vorrai inoltre approfondire l'argomento, sarei ben lieto di condividere con te un pezzo di strada insieme, cercando di aiutarti a non commettere quegli errori che, purtroppo per inesperienza, ho commesso io durante il mio percorso.

In questo capitolo del libro il mio focus sarà su come tutelare al meglio il tuo investimento immobiliare.

Ma, prima di addentrarmi nelle spiegazioni, vorrei che capissi un concetto fondamentale che, se sei un investitore immobiliare in Italia oppure semplicemente hai conosciuto persone che hanno affittato case in Italia, ti sarà molto familiare. Nel settore immobiliare, ed in particolare nello specifico ambito riguardante gli immobili a reddito o da affittare, la burocrazia italiana è molto lenta e macchinosa e purtroppo (è un dato di fatto) favorisce in prima battuta chi infrange la legge.

Questo perché non puoi prendere un inquilino che non ti paga l'affitto e fisicamente buttarlo fuori di casa (come emozionalmente ti verrebbe voglia di fare...), ma ti devi affidare ad una procedura di sfratto esecutivo che potrà durare parecchi mesi se non addirittura anni. E nel frattempo l'inquilino continuerà a non pagarti l'affitto, pur alloggiando nella tua casa che doveva essere una bellissima fonte di reddito e che invece si è trasformata in un vicolo cieco che ti provoca solo fastidi, rabbia ed esborsi economici semplicemente per far valere i tuoi diritti.

Da italiano convinto, legato ad una terra tra le più belle e ricche di fascino e di storia, sono molto rammaricato nel fare queste affermazioni, che sono però il frutto di esperienze vissute in prima persona. Come ho sempre sostenuto, mi piace metterci la faccia e descrivere episodi professionali e personali che ho vissuto direttamente, non per sentito dire o per il racconto di altri.

Nelle righe che seguiranno, ti voglio illustrare come la stessa situazione di un immobile comprato per essere messo a reddito è stata gestito in Italia ed in Florida. Chiaramente stiamo parlando di situazioni problematiche, ovvero, nello specifico, ci troviamo nella situazione di un inquilino che non paga l'affitto. Scommetto che anche tu avrai sentito parlare di inquilini che non pagano l'affitto, evento che purtroppo, volente o nolente, sta diventando sempre più di stretta attualità in Italia.

Voglio quindi raccontarti una spiacevole avventura, che mi è capitata personalmente, con un appartamento che avevo affittato a delle persone che sembravano affidabili e che invece si sono rivelate "furbette". Per i primi mesi mi hanno pagato regolarmente l'affitto, poi, ad un certo punto, hanno deciso di non pagarmi più o pagarmi saltuariamente.

Quando dopo numerose telefonare e raccomandate di sollecito, mi rivolsi ad un legale, mi si prospettarono tempi biblici per l'ottenimento di uno sfratto esecutivo, tanto che, da amico, l'avvocato mi suggerì una soluzione, chiamiamola "bonaria", ovvero invitarli a lasciare l'immobile in cambio di una "buonuscita". Mi sembrava assurdo, ma, a bocce ferme, valutai che forse era la soluzione migliore e più veloce.

Stavo per fare questo ultimo, umiliante tentativo di riprendere possesso del mio immobile, quando, per fortuna, mi comunicarono che lasciavano l'immobile di loro spontanea volontà. Ti posso garantire che il giorno che mi riconsegnarono le chiavi, dopo che avevano finito il trasloco, ero la persona più felice del mondo.

Mi trovai una pessima sorpresa quando, aprendo la porta di casa, dovetti prendere atto della situazione di totale devasto; tant'è che mi ci vollero diverse migliaia di euro per sistemarla e renderla di nuovo abitabile. Guardando il bicchiere mezzo pieno, almeno ero tornato in totale possesso del mio immobile e questo era già di per sé una vittoria.

Peraltro, la cosa che più mi offese come investitore, ma soprattutto come cittadino attento e rispettoso delle leggi, fu quando il commercialista mi comunicò che avrei dovuto pagare le tasse sui canoni di locazione che non avevo percepito.

Trovai semplicemente assurda questa cosa, tant'è che ancora oggi a parlarne non riesco a farmene una ragione. Non riesco ad accettare che un investimento immobiliare si trasformi in un incubo con il benestare della Legge che, in questa circostanza, non mi ha per nulla tutelato, o meglio, mi avrebbe tutelato ma con tempi biblici.

Mesi e mesi, se non anni, per ottenere uno sfratto esecutivo per morosità, secondo me sono un grosso disincentivo per chiunque voglia comprare un immobile da mettere a reddito, magari investendo i risparmi di una vita.

Voglio invece spiegarti bene come funziona un contratto di affitto in Florida e quali sono tutti i punti favorevoli che tutelano in modo deciso e preciso il proprietario di casa a discapito di un inquilino che per qualsiasi motivo non paga con cadenza regolare l'affitto o addirittura non lo paga del tutto.

Seguendo le righe che seguono, ti accorgerai di come il tuo investimento nel mercato immobiliare americano sia completamente tutelato e sicuro rispetto allo stesso tipo di investimento fatto in Italia.

Lo strumento principe per tutelare i tuoi investimenti

Iniziamo subito a specificare che i contratti di affitto generalmente durano 12 mesi (durata massima per poi essere rinnovati) e che nel contratto troviamo delle clausole standard e delle clausole aggiuntive che possiamo inserire di comune accordo con l'inquilino. Solitamente viene versata una mensilità di deposito cauzionale che viene trattenuta dal proprietario.

Nei contratti di affitto è generalmente previsto che il pagamento del canone avvenga il primo giorno del mese e questa scadenza è tassativa, tant'è che già sul contratto standard è prevista una penale in caso di ritardato pagamento rispetto ai termini contrattuali.

Infatti, nel caso in cui l'inquilino paghi in ritardo, deve

corrispondere una "late fee" generalmente del 10% del canone di affitto. In alcuni casi, a seconda del *credit score* o della storia passata dell'affittuario, l'investitore può decidere di tutelarsi ulteriormente, per i casi in cui il pagamento sia effettuato oltre il giorno 15 del mese, aggiungendo nel contratto un'ulteriore penale generalmente pari a 5 – 10 dollari al giorno.

Per capirci meglio, facciamo un esempio concreto di un inquilino con un canone di locazione di 1.000 dollari che invece di pagare regolarmente il primo del mese paga, in ritardo, il 20 del mese.

- Affitto dovuto   1.000- $
- "late fee"   100- $
- Penale oltre il giorno 15 del mese:
  10 $ al giorno x 5 giorni   50- $
- TOTALE DOVUTO dopo 20 giorni   1.150- $

L'inquilino che verserà il canone in ritardo il giorno 20 del mese, dovrà versare un importo totale di 1.150 $ e quindi con un extra stabilito da contratto di 150 $.

Se il primo giorno del mese l'inquilino non versa regolarmente l'affitto come pattuito, il giorno seguente il proprietario può inviare all'inquilino la "3 days notice" con la quale si impone il pagamento, entro 3 giorni, di quanto dovuto penale compresa.

Al ricevimento di questo sollecito, nella maggior parte dei casi, l'inquilino versa quanto dovuto, onde incorrere in ulteriori esborsi. Se invece la "3 days notice" non porta i risultati sperati, si può avviare la procedura di "eviction", uno strumento fondamentale per noi che vogliamo operare con questi tipi di immobili e che ci permette di tutelare al meglio il nostro investimento.

La procedura di "eviction" può essere fatta direttamente dal proprietario o da un suo delegato, oppure attraverso un avvocato o un'azienda specifica che fornisce servizi para legali.
Al momento dell'avvio della procedura di "eviction" è richiesto il pagamento di una *fee* al tribunale, cioè una tassa fissa dovuta per le spese di tribunale e per la notifica che dovrà essere fatta all'inquilino attraverso una figura autorizzata dal tribunale chiamata "Process Server" (una sorta di ufficiale giudiziario in outsourcing).

Un aspetto positivo di questa procedura di "eviction" è che, nel momento in cui si avvia, viene già fissata la data dell'udienza. E durante l'udienza, salvo casi particolari, si ottiene già la sentenza definitiva che viene trasmessa allo sceriffo di zona, il quale dovrà materialmente eseguire lo sfratto.

I tempi sono molto ristretti; in circa 20/30 giorni si ottiene il rilascio dell'immobile. Infatti, se una volta ottenuta la sentenza del tribunale l'inquilino non sgombera di sua volontà l'immobile, lo sceriffo si reca personalmente alla casa invitandolo "gentilmente" ad uscire e a portare con sé tutti gli effetti personali ed i propri beni materiali. In circa 90 minuti la casa torna in possesso del proprietario che ne può disporre a proprio piacimento.

Uno dei vantaggi della procedura di "eviction" è che questa procedura è molto temuta dagli inquilini in quanto lascia traccia nei *public records* (nei pubblici registri), arrivando anche a danneggiare il *credit score* nel caso di registrazione presso gli enti preposti.

Essendo questa procedura di "eviction" molto temuta dagli inquilini, ci troveremo di fronte a due possibilità.

Nel caso di inquilino in difficoltà temporanea, avremo il pagamento ritardato dell'affitto, mentre nel caso di una vera e propria difficoltà economica, sarà lo stesso inquilino che probabilmente rilascerà spontaneamente la casa e non si arriverà al termine della procedura di "eviction" con l'intervento dello sceriffo.

Ne consegue che solo una minima percentuale di procedure di "eviction" andranno a termine con lo sfratto esecutivo eseguito direttamente dallo sceriffo, mentre la maggior parte delle procedure troverà soluzione prima di tale evento, cosicché il proprietario potrà tornare in possesso del proprio immobile in un tempo ancora minore.

Quando mi sono reso conto della differenza che esiste tra una procedura di sfratto esecutivo in Italia ed una procedura di "eviction" in Florida, mi è scoccata la scintilla ed ho capito di essere nel posto giusto al momento giusto.

Se voglio, se vuoi fare investimenti immobiliari, comprando case che possano generare una rendita automatica veramente tutelata, la Florida è uno dei posti migliori che io conosca, sicuramente migliore dell'Italia. La Legge tutela in modo assoluto la proprietà privata e allora posso stare tranquillo e rilassarmi, perché so che i miei investimenti immobiliari saranno estremamente protetti.

Sapere che, se l'inquilino non paga l'affitto, in massimo 2 mesi puoi tornare in possesso della tua proprietà, ti fa dormire sonni tranquilli ed è un grosso incentivo per gli investitori immobiliari come me e come te.

Dopo averti illustrato quello che, secondo me, è il vero diamante degli investimenti immobiliari in Florida, penso non ci sia altro da aggiungere, se non accertarmi che la lettura di questo libro sia stata per te uno spunto di riflessione per allargare i tuoi orizzonti verso un nuovo mondo che, sebbene possa sembrare tanto lontano, in realtà è talmente semplice e talmente alla portata di tutti, che prenderne dimestichezza non è mai stato cosi facile.

Mentre ti scrivo queste ultime righe per ringraziarti del tempo che mi hai voluto dedicare, sono di nuovo in volo verso la Florida, a distanza di pochi mesi dal mio ultimo viaggio negli USA. Ci sto tornando perché in questo momento ci sono troppe opportunità a portata di chiunque abbia il coraggio di mettersi in gioco e voglia qualcosa in più dalla propria vita.

Non so ancora quante case comprerò, quante ne compreranno le persone che verranno con me; quello che so con certezza è che in Florida ci sono opportunità immense che aspettano solo di essere raccolte da chi avrà il coraggio di osare.

Se anche tu, come me, sei alla ricerca di opportunità per crearti delle rendite automatiche che ti possano permettere di vivere la vita che hai sempre sognato e slegato da qualsiasi vincolo di orario, di luoghi, di datori di lavoro, allora sei nel posto giusto.

Questo mio libro vuole essere un "apri pista" per te che vuoi investire in immobili in Florida, per te che ora hai in mano gli strumenti giusti che ti possono permettere di comprare case in Florida, generando rendite passive che potrai gestire direttamente dall'Italia, dalla poltrona di casa tua.

Grazie al tuo impegno, alla tua determinazione e alla tua volontà di seguire le giuste strategie, potrai, in un tempo relativamente breve, ottenere quei risultati che, per molti, resteranno solamente dei sogni.

Dai una svolta alla tua vita e vieni a realizzare il tuo Sogno Americano.

Conclusione

Se la tua curiosità, il tuo desiderio e i tuoi sogni hanno preso una strada diversa con la lettura di questo libro, allora posso ritenermi soddisfatto e sei pronto per conoscere nei dettagli cosa gravita attorno agli investimenti immobiliari in Florida.

Quando sono partito, non esisteva letteratura su questo argomento e tutto quello ho scritto nel libro l'ho imparato sul campo, con fatica e sudore, dedicandoci tanto tempo e tanto denaro.
Ho scritto questo libro perché sia per te una guida, per farti risparmiare tanto tempo e per non farti commettere quegli errori che ho commesso io.

Ti ho illustrato le cose principali che dovrai organizzare prima di iniziare questa avventura, adempimenti che, grazie alla tecnologia, sono veramente alla portata di tutti.

La cosa bella, la cosa sorprendente è che puoi fare tutto, ma proprio tutto, stando comodamente nella tua casa in Italia. La tecnologia, in questo particolare settore di business, non solo ci supporta, ma rende nulle le distanze che fisicamente ci separano dalla Florida.

Io volo, volo spesso in direzione Florida perché ogni volta ci sono infinite opportunità da sviluppare e da cogliere e, se vorrai proseguire il tuo viaggio con me, stiamo preparando due strumenti che ti saranno di grande aiuto: un seminario ed un corso on-line.

Un seminario al quale parteciperanno, provenienti direttamente dalla Florida, le figure professionali fondamentali per questo business, che ti ho menzionato nel libro e che, facendo parte del mio team, svolgono quotidianamente il lavoro sul campo a supporto degli investitori immobiliari.

Potrai apprendere direttamente da loro tutti i segreti e le strategie per far decollare il tuo nuovo business. Chiaramente ci sarò anche io, pronto a raccontarti le mie storie, i miei primi passi, le mie difficoltà iniziali ed i miei successi. Sarà un momento di formazione di alto livello, con approfondimenti, esempi concreti e situazioni che ti potranno capitare quotidianamente ed alle quali sarai già pronto a dare una risposta.

Uscirai dal seminario con le idee ben chiare e la strada ben tracciata, sapendo esattamente quali saranno le tue prossime mosse per scalare con successo il tuo nuovo business nel mercato immobiliare a stelle e strisce.

Il secondo strumento sarà invece un corso on-line che ti permetterà, partendo da zero, di crearti una rendita mensile garantita e tutelata grazie agli investimenti immobiliari in Florida.

Una vera e propria guida pratica che, grazie a manuali chiari e precisi e a supporti video con il prezioso intervento di esperti che già operano in questo campo, ti permetterà di fare quel percorso "step by step" per farti diventare un investitore seriale nel *real estate* americano.

Bene. Se pensi di aver appreso qualcosa di nuovo con la lettura di questo volume, se pensi che i tuoi investimenti debbano essere tutelati al meglio, se hai capito che in Florida ci sono enormi possibilità, è il momento di fare il prossimo passo in direzione del tuo successo!

Seguimi sui canali social, resta in contatto con me e ti darò tutte le informazioni di cui hai bisogno.

Prendi in mano le redini della tua vita, ora hai in mano una nuova opportunità per fare della tua vita un capolavoro.
Ricorda, però, che ci sono due cose che non tornano mai indietro: una freccia scagliata e un'occasione perduta.

See you later, ci vediamo presto!
Massimo Minoletti

Ringraziamenti

La prima persona che voglio ringraziare è Giacomo Bruno con tutto il suo staff. Senza di lui questo libro non avrebbe mai visto la luce e sarebbe stato uno dei tanti sogni chiusi nel cassetto.

Poi voglio ringraziare i miei due personal coach Roberto Re e Alfio Bardolla. Se oggi sono una persona migliore e più preparata da un punto di vista imprenditoriale ma anche personale, lo devo sicuramente a loro.

Un ringraziamento va a tutte le persone che mi hanno accompagnato in questa avventura americana. Alcune hanno cercato di ostacolarmi e si sono perse per strada, altre mi hanno dato fiducia e da semplici professionisti si sono trasformati in amici veri e per questo non finirò mai di dirvi grazie.

Grazie alla mia famiglia che non mi ha mai ostacolato nelle scelte anche se, ne sono sicuro, dentro di loro il pensiero prevalente era "e se poi sbagli, e se poi non ce la fai...ma chi te lo fa fare". Ancora una volta ho dimostrato che con la giusta determinazione tutti i sogni si possono realizzare.

Quindi grazie anche me stesso per tutto l'impegno e tutta la dedizione che ci ho messo non solo per la realizzazione di questo libro ma, soprattutto, per la realizzazione di un progetto imprenditoriale molto lontano da casa.

Grazie ai miei amici che mi hanno sempre sostenuto anche quando le cose non andavano cosi bene e grazie a coloro che hanno sempre pensato che tanto non ce l'avrei mai fatta. La vostra negatività è stata la benzina per il mio motore.

Grazie infinite ai miei figli Matteo e Luca, fonte quotidiana di ispirazione e di gioia di vivere. Il regalo più bello che l'universo mi ha voluto donare.

E infine grazie a Te che stai leggendo questo libro. Grazie per avermi donato la tua fiducia, mi auguro di essere stato all'altezza delle tue aspettative. Buona vita!

www.ingramcontent.com/pod-product-compliance
Lightning Source LLC
Chambersburg PA
CBHW071521200326
41519CB00019B/6030